Un

à la

TOUTE UNE ÉDUCATION !

ZZZ

Jean-Michel Demany
Antoine Collin
Anne-Lise Guigon

Un chien à la maison: TOUTE UNE ÉDUCATION !

ULMER

SOMMAIRE

PRÉFACE

Dr Isabelle Vieira
Vétérinaire Comportementaliste
Chargée d'enseignement en éthologie clinique à l'ENVA *
Présidente de SEEVAD **

En tant que vétérinaire comportementaliste, en charge de l'enseignement des troubles du comportement chez le chien dans les écoles vétérinaires, j'ai tout naturellement accepté avec grand plaisir de rédiger la préface de cet ouvrage original.
L'intégration d'un chien dans une famille n'est pas toujours chose simple. Le chien est l'espèce animale la plus domestiquée et la plus anciennement domestiquée. Elle est à la fois très proche et très éloignée de son ancêtre, le loup gris, de par son génome et ses capacités d'apprentissage au contact de l'homme. Le chien est devenu génétiquement apte à vivre avec nous, en famille, dans une harmonie relationnelle, pour peu que l'on tienne compte de ses spécificités et de ses besoins éthologiques. Il apprend très vite nos règles et nos habitudes, à partir du moment où l'on communique de façon cohérente avec lui.
L'idée de la présentation sous forme de bande dessinée permet d'aborder les règles d'éducation de façon ludique et agréable.
Chaque enfant se reconnaîtra avec son chien Voyou ou Sam dans de nombreuses situations. La vie quotidienne avec un chien est ponctuée d'événements qui sont relatés et décrits de façon humoristique. Le chien est expliqué aux enfants et aux parents en même temps, sans complaisance et sans morosité, ce qui permet de réunir la famille autour du petit nouveau à quatre pattes.
L'éducation doit s'adapter au tempérament de chaque chien et rester souple afin de tenir compte de l'équilibre émotionnel de chaque

* École nationale vétérinaire de Maisons-Alfort
** Société européenne d'éthologie vétérinaire des animaux domestiques

individu. Néanmoins, l'ouvrage présente l'avantage de simplifier et de classer toutes les situations à envisager, ce qui en fait un conseiller de chevet où l'on peut s'y retrouver facilement. Il traite à la fois des concepts liés à la nature sociale du chien et ses conséquences relationnelles, et des concepts liés aux aptitudes cognitives du chien. Le jeu y tient une place prépondérante, ce qui engage les enfants dans une vraie relation de confiance et de plaisir avec leur animal. La lecture que les parents en feront à leurs jeunes enfants ou que les enfants plus grands en feront seuls, devrait donner à toute la famille l'enthousiasme et la dynamique nécessaire pour bien prendre en charge l'éducation du chien, et l'intégrer harmonieusement à leur vie d'humains.

QUI SOMMES-NOUS ?

Voici les deux mascottes qui vont t'accompagner :

Je suis Voyou, une canaille mal éduquée qui fait tout ce qui lui plaît !

Voyou

Feu rouge : mauvais comportement !

Et moi Sam,
bien éduqué,
je suis l'exemple
à suivre.

Sam

Feu vert : bon comportement !

LES COUSINS DU CHIEN

Chacal

Toutes ces espèces appartiennent à la famille des Canidés.
Le loup est l'espèce qui ressemble le plus au chien.

Leurs langages sont proches.
Les loups vivent en groupe (une à plusieurs dizaines de loups) appelé meute. Dans cette meute, les loups appartiennent souvent à la même fratrie. Le chien est l'ami de l'homme depuis plusieurs milliers d'années. Contrairement au loup qui est un animal sauvage, le chien est domestiqué : il dépend de l'homme pour ses besoins de base (comme l'alimentation) et crée des liens particuliers avec son maître. Pourtant, il a gardé un langage proche de celui du loup. Essayons de comprendre ce langage chez le loup et de l'adapter à notre vie quotidienne pour comprendre Sam.

LOUPS

Renard

Dingo

Coyote

Lycaon

Loup

LE LOUP DANS LA MEUTE

La meute est dirigée par un chef, le loup dominant. Il gère la nourriture et le territoire. Les autres loups de la meute lui obéissent. Ainsi, la meute est organisée.

Le loup dominant défend son territoire.

LE CHIEN EN FAMILLE

Sam établit des contacts particuliers avec chaque membre de la famille, similaires à ceux d'un loup avec un autre.
Il doit obéir à tous les membres de la famille.

NOTES AUX PARENTS

Les ressources chez le chien sont les mêmes que chez le loup : le territoire, l'alimentation et les contacts. La différence principale est que le chien n'a pas à gérer ces ressources, puisqu'elles sont attribuées par l'homme. Toutefois, la façon dont on lui gère ces ressources conforte sa place de dominant ou de dominé dans la famille. Cette relation sociale particulière s'établit indépendamment pour chaque membre de la famille (il n'est pas rare de voir un chien obéir à un conjoint et pas à l'autre). Il est donc important que tous les membres de la famille respectent les mêmes règles d'éducation. Le chien en sera d'autant plus équilibré.

Sam vit dans la maison, le « territoire » de la famille géré par les parents.

La famille distribue l'alimentation de Sam et choisit le moment de ses repas.

La famille éduque Sam, lui apprend les règles, organise les jeux.

SAM NE VEUT PAS ÊTRE LE MAÎTRE DE LA MAISON !

Quelle place donner au chien dans la maison ?
Dominant ou dominé ?
Un chien dominant se considère comme
responsable de la famille. Il a beaucoup de travail
car il doit tout gérer dans la maison.
À la maison, Voyou ne peut pas assurer totalement
son rôle de dominant à cause de nombreux
obstacles et imprévus. Il s'interroge sur sa place
dans la famille et doit être en permanence
à l'affût, ce qui le rend nerveux et inquiet.

... Décider
quand jouer...

... Décider quand manger...

... Accueillir tout le monde...

... Tout en surveillant mon territoire...

Que c'est épuisant d'être un chien dominant !

Un chien comme Sam qui ne s'occupe ni du territoire ni de l'alimentation et qui reçoit les mêmes règles d'éducation de toute la famille est beaucoup plus tranquille et rassuré. Ton chien sera plus calme, heureux et équilibré si sa place de dominé dans la famille est bien définie et constante.

On s'occupe de tout pour moi. Rien à décider. Cool, la vie de dominé !

LE LOUP DANS SON TERRITOIRE

Le loup dominant gère le territoire ; il observe et contrôle les déplacements de chacun.
Il dort en hauteur.

PLACE !

LOUP-VILLE

Il protège la meute
et va à la rencontre des étrangers.

LE CHIEN À LA MAISON

De la même façon, ta maison,
le « territoire » de la famille, est gérée par
les maîtres, c'est-à-dire tes parents et toi.
Toute la famille doit décider dès le départ
des zones dans lesquelles Sam a le droit
de se déplacer.

Quand des invités sonnent à la porte, ce sont toujours tes parents et toi qui doivent les accueillir. Sam attend calmement dans son panier. Une fois tout le monde accueilli, Sam peut venir dire bonjour sans sauter sur les invités ni aboyer.

NOTE AUX PARENTS

Les dominants accueillent les nouveaux venus sur le territoire.
À vous d'accueillir vos invités, d'autant plus quand il s'agit d'enfants. Des gestes brusques peuvent être mal interprétés par le chien et conduire à la morsure.

LA PLACE DE TON CHIEN À LA MAISON

Sam doit avoir un panier, un coin à lui, où personne ne le dérange jamais, même pour le caresser ou récupérer un jouet.

Si tu veux caresser Sam, appelle-le gentiment pour le faire sortir de son panier.

Place le panier dans le coin de la pièce où il ne peut pas surveiller les allers et venues des membres de la famille.

NOTE AUX PARENTS

- Le chien ne doit pas pouvoir surveiller les déplacements des membres de la famille. Les portes doivent être fermées pour limiter les déplacements du chien dans la maison. Des petites barrières peuvent être installées pour limiter l'accès à un escalier par exemple.
- Le chien ne doit pas être dérangé lorsqu'il est dans son panier, c'est le seul endroit où il peut trouver refuge et se retirer en toute sécurité. Lorsqu'il s'y réfugie après avoir commis une faute, c'est un acte de soumission et il faut cesser toute réprimande. Ne laissez jamais un enfant récupérer un jouet dans le panier d'un chien !

Ton chien ne doit pas dormir dans un lieu de passage.

Évite notamment l'entrée, les couloirs et les escaliers !

Ton chien ne doit pas dormir en hauteur.

À TABLE !

L'ALIMENTATION DU LOUP

Le chef mange en premier les meilleurs morceaux. Il n'accepte pas d'être dérangé et tient les loups dominés à l'écart.

Les autres loups se partagent
ensuite les morceaux restants.

L'ALIMENTATION DU CHIEN

Il peut assister à ton repas, mais doit rester calme dans un coin de pièce. Sam mange après toi.

NOTE AUX PARENTS

Le chien ne doit pas se trouver dans la cuisine lors de la préparation du repas. Le chien ne doit pas se trouver sous la table au moment du repas familial. Un chien recevant de la nourriture au cours de votre repas peut constituer un danger pour des enfants jouant à proximité. L'enfant devient un « concurrent » pour la distribution de l'aliment et peut être mordu.

**Ton chien ne doit pas réclamer
à manger à table.**

COMMENT NOURRIR SAM À LA MAISON ?

Ton chien doit manger seul, sans qu'on l'observe.
Ne le dérange surtout pas lorsqu'il mange.
Il dévore sa gamelle, c'est normal.
Laisse 10 à 15 minutes à ton chien pour prendre
son repas, puis s'il n'est plus en train de manger,
retire sa gamelle, même si elle n'est pas vide.

Ne lui laisse pas sa gamelle de croquettes à disposition, il n'a pas à choisir ses heures de repas.

NOTE AUX PARENTS :

Certaines règles sont fondamentales et doivent être absolument respectées :

• Ne pas déranger l'animal lorsqu'il mange, le laisser seul.

• Ne pas lui laisser une alimentation à disposition toute la journée.

• Aucune « friandise » ne doit être distribuée au cours du repas familial.

Slurp slurp !
10 minutes pour tout manger, comme si j'allais en laisser!

Sa nourriture devra être adaptée à ses besoins selon son âge et sa taille adulte. Ton vétérinaire est là pour te conseiller.

Certaines friandises sont déconseillées. Essaie plutôt un morceau de pomme !
Les os, quels qu'ils soient, constituent un réel danger pour ton chien (ils peuvent interrompre sa digestion).
Le chocolat est un poison pour ton chien.
Même s'il adore ça, ne lui en donne jamais !

LE LOUP DANS LA MEUTE

La meute fonctionne grâce à des règles
de communication simples.
Elles concernent la chasse, le jeu,
la rencontre avec d'autres loups.

LANGAGE !

NOTE AUX PARENTS
La connaissance des codes canins est importante pour bien comprendre les messages laissés par le chien, mais aussi éviter les situations à risque de morsure de la vie quotidienne. Il est également important d'éviter de comparer les réactions de son animal avec des sentiments humains, comme « il est jaloux » ou « il est timide ».

LE CHIEN DANS LA FAMILLE

Ton chien a un langage bien particulier,
différent du nôtre. Il communique avec
de nombreux signes, autres que la parole,
qui sont de précieux indices pour mieux
le comprendre.
Apprends à observer les chiens
et leur façon de se comporter.

Et en chien, ça veut dire quoi ???

NON !

Le ton que tu utilises est important.
Tes gestes parlent d'eux-mêmes.

Ton chien utilise beaucoup
plus son flair que toi.

AI - JE BIEN COMPRIS MON CHIEN ?

Voici quelques postures caractéristiques qui te permettront de comprendre ton chien et les autres chiens.

CHIEN DOMINANT

CHIEN DOMINANT MENAÇANT

Ne regarde jamais un chien dominant dans les yeux. Recule doucement en restant face à lui.

CHIEN PEUREUX

Un chien peureux devient agressif s'il ne peut trouver de solution pour fuir. Recule doucement sans le regarder.

CHIEN SOUMIS

**Si ton chien se soumet quand tu lui dis « non »,
il a bien compris le message.
N'insiste pas. Si tu continues à le gronder,
ton chien ne comprend plus et peut
devenir agressif.**

CHIEN JOUEUR

Ton chien veut jouer, amuse-toi !

N'interviens pas dans une bagarre entre chiens ! N'approche pas seul un chien que tu ne connais pas.

Demande toujours l'autorisation au propriétaire du chien, ne mets pas ta main au-dessus de sa tête, ne le regarde pas dans les yeux et laisse-le s'approcher.

NOTE AUX PARENTS

La plupart des morsures peuvent être évitées en observant les signes et les rituels de communication utilisés par l'espèce canine. Ils doivent être connus de la famille et des personnes venant sur le territoire de l'animal.

JOUER AVEC SAM !

Lorsque tu veux jouer avec Sam, mets-toi à sa hauteur et appelle-le d'un ton joyeux et enjoué.

Allez Sam, on joue ?

C'est toi l'arbitre : tu vas chercher la balle de ton chien, tu joues avec lui, et tu arrêtes le jeu en récupérant la balle.

À toi de décider du moment du jeu.

SAGES

N'utilise pas de petits jouets, des jouets creux ou qui s'effilochent, car ton chien risque de les avaler. Évite les jeux violents, avec des bâtons par exemple.

POUET

APPRENDRE EN JOUANT

Apprendre un ordre à un chien doit rester un jeu pour lui et pour toi. Cet apprentissage demande du temps.

Comment procéder ?

1. Attire l'attention de ton chien en l'appelant par son nom.
2. Annonce ensuite un ordre : il doit être court et tu dois toujours dire le même mot pour la même action.
3. Félicite ton chien une fois l'ordre réalisé en le caressant ou en lui donnant une croquette.

Assis !

Couché !

Debout !

Donne la patte !

Ils vont me rendre fou !

Le premier ordre doit être complètement acquis avant de passer au suivant. La façon dont tu annonces l'ordre est importante :

C'est bien Sam, tu es un bon chien !

- Si tu as un ton encourageant, Sam aura envie de recommencer ce qu'il vient de faire.
- Si tu as un ton plus sec, Sam comprendra que ce n'était pas la bonne action à réaliser.

ASTUCES

Fais des exercices courts (moins de 15 minutes) et réguliers.
Associe éventuellement un geste précis à chaque action.
Félicite ton chien quand il exécute un ordre correctement.
C'est beaucoup plus efficace que de le punir s'il s'est trompé.
Donne une croquette à Sam dès que l'ordre est réalisé.
Mais attention, ne le fais pas systématiquement. Diminue la fréquence jusqu'à ne plus en donner du tout.

NOTE AUX PARENTS

Rigueur et cohérence sont les mots d'ordre pour la famille : tous les membres de la famille doivent utiliser le même mot pour obtenir l'action. Ne donner qu'un seul ordre à la fois. Ne féliciter le chien par une caresse qu'une fois l'ordre accompli.
Si le chien ne fait pas l'action, l'ignorer puis recommencer l'ordre 3 minutes après, et ainsi de suite jusqu'à ce qu'il y parvienne.

À LA DÉCOUVERTE DU MONDE EXTÉRIEUR...

L'âge idéal pour adopter Sam est de 2 à 3 mois.
Où choisir ton chiot ?
Ne choisis pas un élevage trop isolé
et calme. Les chiots doivent découvrir
très vite leur environnement : bruits,
personnes (adultes, enfants), voitures...

Montre le plus de gens et de choses à Sam quand il est jeune. N'hésite pas à promener très tôt Sam, dès son adoption, pour l'habituer progressivement au monde qui l'entoure. En le sortant tôt, Sam n'aura pas peur en ville.

ASTUCES

Utilise plutôt un harnais à la place d'un collier si ton chien est de petite taille. Évite les laisses à enrouleur et utilise plutôt une laisse courte. Surveille bien ton chien quand tu le sors, qu'il n'avale pas un os, un caillou ou un aliment avarié.

Sam doit être le plus vite possible en contact avec des chiens adultes de toutes races ainsi qu'avec d'autres animaux (chats, rongeurs…). Si ton chien a peur d'un objet ou d'une personne, ne le rassure pas en le prenant dans tes bras. Joue plutôt avec lui pour détourner son attention.

NOTE AUX PARENTS

Sortir le chien dès l'adoption, et ne pas attendre « la fin des vaccins ». Sinon on s'expose au risque d'avoir un chien peureux pendant toute sa vie. Le chiot constitue en effet son répertoire sensoriel avant l'âge de 4 mois.

PAUSE PIPI

N'utilise pas de papier journal pour apprendre à ton chien à faire ses besoins dessus. Il ne voudra plus faire ses besoins que sur du papier journal.

Ne nettoie pas l'urine devant ton chiot. Il le considérerait comme un jeu.

Si ton chien a fait ses besoins dans la maison quand tu étais absent, ne le gronde pas et ne lui mets pas la truffe dans son urine, il ne comprendrait pas.
Si tu le surprends en train de faire pipi dans la maison, dis-lui « Non, Voyou » d'un ton ferme, sans hurler, et mets-le tout de suite dehors.

Un chiot ne peut pas se retenir longtemps, il faut le sortir le plus souvent possible (après la sieste, le repas ou le jeu). Sois donc attentif à ses demandes ! Au début, il ne pourra pas se retenir toute la nuit, c'est normal.

Quand tu sors ton chien, accompagne-le le plus souvent possible, et dès que tu le vois faire ses besoins dehors, félicite-le ! Il comprendra vite.

NOTE AUX PARENTS

À 4 mois, la propreté sera normalement acquise, même si des accidents sont possibles.
Ne pas gronder un chiot qui a uriné pendant votre absence. Il ne comprendra pas et sera anxieux. S'il court se cacher, c'est une réaction à votre expression de colère, et non en réponse à sa bêtise qu'il a déjà oubliée. L'utilisation d'un produit javellisé pour nettoyer les besoins est déconseillée : cette odeur peut inciter le chien à uriner au même endroit. Un chien faisant ses besoins sur un lieu de passage (couloir, escalier, devant une porte) peut être un signal d'alarme pour repérer le caractère dominant de l'animal, surtout au moment de la puberté.

Ça y est !
J'ai compris !
Je dois faire mes besoins dehors !

RESTER SEUL...

Habitue Sam à rester seul très tôt, d'abord quelques minutes, puis de plus en plus longtemps. Ignore-le quand tu pars, ne lui parle pas. De la même façon, quand tu rentres chez toi, ne prête pas tout de suite attention à Sam. Tu peux ranger tes affaires avant par exemple.

Ne t'inquiète pas. Papa revient ce soir. Reste sage, ne fais pas de bêtise. Je rentre bientôt. Bon chien.

MORDRE N'EST PAS JOUER

Il va falloir apprendre à ton chien à contrôler sa mâchoire pour qu'il ne te blesse pas pendant que tu joues avec lui. S'il serre un peu trop la mâchoire quand tu t'amuses avec lui, retire la main en disant « Non » d'un ton ferme. S'il recommence, arrête de jouer avec lui et ordonne-lui d'aller dans son panier.

NOTE AUX PARENTS

L'inhibition à la morsure, c'est-à-dire le fait que le chien contrôle sa mâchoire pour ne pas blesser lorsqu'il s'amuse, doit être parfaitement acquise.

En appliquant ces règles simples,
Sam sera le plus heureux des chiens.
Tu pourras t'amuser sans danger avec lui.
Et Voyou deviendra un chien exemplaire !
Ne dit-on pas que le chien est le meilleur
ami de l'homme ?
Et n'oublie pas que ton vétérinaire est
le spécialiste des animaux et qu'il est
disponible pour te donner tous les conseils
dont tu as besoin et répondre
à tes questions.
Passe de bons moments
avec ton compagnon !

LES 10 COMMANDEMENTS ANTI–MORSURE

1. JE NE DÉRANGE PAS UN CHIEN EN TRAIN DE MANGER.

2. JE NE DÉRANGE PAS UN CHIEN DANS SON PANIER. JE RESPECTE LE SOMMEIL ET LE REPOS DU CHIEN.

3. JE NE REGARDE PAS UN CHIEN INCONNU DANS LES YEUX.

4. JE NE FORCE PAS UN CHIEN À JOUER.

5. JE N'ESSAIE PAS DE RÉCUPÉRER UN JOUET QUE LE CHIEN M'A PRIS, MÊME S'IL A LE DOS TOURNÉ.

6. JE N'APPROCHE PAS UN CHIEN QUE JE NE CONNAIS PAS.

7. JE NE COURS PAS POUR FUIR UN CHIEN QUE JE NE CONNAIS PAS ; JE RESTE PLUTÔT IMMOBILE.

8. JE N'INTERVIENS PAS DANS UNE BAGARRE ENTRE CHIENS.

9. JE NE M'APPROCHE PAS D'UNE CHIENNE QUI GARDE SES PETITS.

10. JE NE DÉRANGE PAS UN ANIMAL QUI A MAL QUELQUE PART, SURTOUT LES CHIENS ÂGÉS QUI ONT MAL AUX ARTICULATIONS.

LES 7 RÈGLES D'OR DE L'ÉDUCATION

1. UN CHIEN DOMINÉ EST UN CHIEN TRANQUILLE D'ESPRIT, RASSURÉ ET HEUREUX.

2. UN CHIEN A UN COIN POUR LUI, OÙ ON NE LE DÉRANGE JAMAIS, LOIN DE TOUT PASSAGE.

3. UN CHIEN DOIT MANGER APRÈS LA FAMILLE, SEUL ET RAPIDEMENT.

4. À TABLE, JE NE DONNE JAMAIS À MANGER À MON CHIEN.

5. COMPRENDRE MON CHIEN, C'EST CONNAÎTRE LES POSTURES DES CANIDÉS ET LEUR SIGNIFICATION.

6. JE DÉCIDE DES MOMENTS POUR JOUER AVEC MON CHIEN.

7. JE SORS MON CHIEN DÈS SON ADOPTION.

POSTFACE

Avec plus de 9 millions de chiens sur le territoire, la France est au premier rang en Europe des populations canines, avec un chien dans presque un foyer sur 3 ! Pourtant, au cours de notre pratique quotidienne, nous constatons souvent une mauvaise connaissance du langage canin au sein des familles. Cette incompréhension entre le chien et son maître peut parfois conduire à des troubles du comportement chez nos amis à 4 pattes.

Nous sommes trois vétérinaires diplômés de l'Ecole Nationale Vétérinaire d'Alfort, actuellement praticiens en exercice, en clientèle canine et féline. Les conseils d'éducation donnés dans ce livre sont ceux que nous donnons lors de la première consultation du chiot. Par expérience, même s'ils paraissent simples et évidents, force est de constater qu'une majorité d'adultes les ignore. Les parents seront certainement heureux de s'instruire en même temps que leurs enfants. Dans ce livre ne figure pas une liste exhaustive des comportements canins-humains, mais les points essentiels permettant de mettre en avant le bon sens et les règles de base. Le but de cet ouvrage est de sensibiliser et d'éduquer les enfants sur la communication avec le chien afin d'éviter les morsures, tout en informant simultanément leurs parents sur ce risque et sur l'importance de consacrer du temps à l'éducation de leur animal.

Nous vous souhaitons une bonne lecture en famille et de bons moments avec votre compagnon à 4 pattes !

REMERCIEMENTS

La réalisation de cet ouvrage a été rendue possible grâce à une collaboration étroite avec la Fondation Virbac, dont la mission est de sensibiliser, éduquer, informer le public et notamment les enfants au respect que nous devons à nos animaux de compagnie. Cette mission de la Fondation Virbac correspond bien au message que nous souhaitons transmettre à nos lecteurs.

Nous remercions également Aster pour la qualité de ses dessins, Isabelle Vieira pour sa relecture et ses conseils avisés en matière de comportement canin, les éditions Ulmer pour leur confiance, ainsi que les personnes ayant contribué à la concrétisation de cet ouvrage.

CRÉDIT DES PHOTOS ET DES DESSINS

Tous les dessins ont été réalisés par : Aster

Photos : BIOSPHOTO : p. 12 (M. & C. Denis-Huot) ; p. 13 hg
(F. Cahez) ; p. 13 hm (J.-L. Klein & M.-L. Hubert) ; p. 13 hd
(J. Cancalosi) ; p. 13 bd (J.-L. Klein & M.-L. Hubert).
FOTOLIA : p. 13 bd (M. Atkins) ; polaroïds de la p. 13,
ainsi que les post-it de l'ensemble de l'ouvrage.

© 2013 Les Éditions Ulmer
8, rue Blanche
75009 Paris
Tél. : 01 48 05 03 03
Fax : 01 48 05 02 04
www.editions-ulmer.fr

Réalisation : Laurent Melin
Suivi éditorial : Raphaèle Dorniol
Impression : Printer, Trento
ISBN : 978-2-84138-628-4
N° d'édition : 628-01

Dépôt légal : janvier 2013

FSC
www.fsc.org
MIXTE
Papier issu
de sources
responsables
FSC® C015829